© 2020
Herstellung und Verlag: BoD – Books on Demand, Norderstedt
ISBN: 978-3-7519-4999-6

Zuallererst:

In meinem dritten Buch habe ich mir die Frage gestellt,
warum eigentlich immer nur Gefühle wie Liebe, Hass
und das ganze Zeug bedichtet werden.
Wieso keine Gegenstände? Dinge, denen sonst in der
literarischen Welt nie Beachtung geschenkt wird?

Aber auch Sprüche und Flachwitze kommen in der
Literatur nicht genug zur Geltung.
Hier in diesem Buch soll sich das ändern.
Viel Spaß!

Und Danke, dass Sie da sind.

Schönen Dank noch an die Lektorin Suzanne Neupert
(die das für lau gemacht hat und ich als alter Knicksack
das sehr fein finde ☺) und an den Zeichner des
Buchcovers Jens Reinold.
In Zeiten der Krisen muss man als Autor auch schauen,
wo man bleibt.

Anmerkungen der Lektorin:

Wie läuft ein Lektorat normalerweise ab?

1. Bekomme einen Text.
2. Lies ihn.
3. Bessere Rechtschreib- und Grammatikfehler aus.
4. Lies nochmal und mache Anmerkungen zu Logikfehlern.
5. Schicke den Text weg und bekomme ein Dankeschön und dein Honorar.

Wie funktioniert ein Lektorat für Holger Fichtelhills?

1. Erhalte einen Text.
2. Lies ihn. Trinke einen Schnaps.
3. Fange an, Rechtschreib- und Grammatikfehler auszubessern. Hole dir nach 2 Seiten die Schnapsflasche dazu.
4. Beschließe, Holger zu Weihnachten eine Schachtel Kommas zu schenken.
5. Breche in Tränen aus, als du endlich mit der Rechtschreibung durch bist.
6. Logikfehler? Welche Logik?
7. Nerve deine Familie mit den neuen Flachwitzen, die du gelernt hast.
8. Schicke den Text weg und gehe Nothhaft-Bier kaufen.

Es war ein Erlebnis und eine Ehre. Ich bin offiziell verliebt in Herrn Olafson. Habt Spaß!

Kapitel 1

Wer ist eigentlich dieser Herr Schlummer, der mich jeden Morgen um dieselbe Zeit anruft?

Boiler - eine Tragödie

Boiler, Boiler, wieso geht dein Licht nicht an?
Boiler, oh Boiler, warum macht du mein Wasser nicht warm?
Boiler, Boiler, ich kauf im Hagebaumarkt an neier.
Boiler, Boiler, oh Gott bist du teuer!
Boiler, oh Boiler,
Reißt ein Loch in mein Geldbeudler...

Ich lieg den ganzen Tag im Schlafzimmer.
Ich bin Bettman.

Alle 14 Sekunden verliebt sich ein Deutscher in das Saitenbacher Müsli.
Und zwar mit dem Blutwurz von Penninger.

Urlaub an der Ostsee

Moin heißt auf Hochdeutsch guten Morgen, guten Mittag, Mahlzeit, gute Nacht, Grüß dich, Servus, mein Beileid, wie geht's, Tschüss, usw.
Moin sagen die eigentlich immer!
Also moin!

Hier haben die Ostseeaner einen Bretterweg in die Ostsee Richtung Dänemark gebaut...
Vielleicht sollte es damals eine Brücke werden? Auf Nachfragen zu der kurzen Brücke meinten Passanten es wäre ein Steak?
Womöglich wollten die Ostseeaner damals auf der Ostsee grillen...

In diesen kleinen Hütten wohnen die Ostseeaner!
Ich habe leider keine Klingel oder Hausnummern an den kleinen Häuschen finden können!

Deshalb denke ich, dass die Ureinwohner an der Ostsee die Touristen nicht besonders mögen.

Auf Nachfragen bei der DLRG sagten sie zu mir, dass diese kleinen Wohnungen auch Strandkörbe genannt werden!

Werde morgen Nachforschungen anstellen...

Ikea, Anfänge einer Schrankwand

Ich bau einen Schrank von Ikea
Und bin froh, denn es sind alle Teile da
Wenn ich euch erzähle, dass Kallax für mich ein Klacks war
Dann treibt euch Besta den Schweiß ins Gesicht
Denn was so viele Teile mit dir machen ist schlicht
Voll und ganz ein Teil einer Wand
Ich bin aber kein Maurer
Und fühl mich auch nicht schlaurer
Jedoch hat der Hersteller an so einen wie mich gedacht
Und eine Anleitung in die Packung mit eingebracht

Katzenjammer

Die Katze schreit mit ihrem Mund in mein Gesicht,
doch was sie will, das weiß ich nicht.
So tu ich ihr was zum essen nei,
doch sie hört nicht auf mit dem Geschrei!

Was gibt's beim Bäcker und schaut müde?
Laugenringe!

Absurd

2018 war schon mit Trump und der Rückkehr in den kalten Krieg absurd gewesen, aber 2019 sollte alles bisher Dagewesene in den Schatten stellen.

Da ich mich machtlos fühle, geißele ich mich selbst und schaue von nun an RTL, Pro Sieben und RTL 2.
Das kann ja nicht so absurd sein, denke ich und fange an zu schauen...

Ich fange an mit dem Dschungelcamp. Eine Mischung aus Big Brother, Promi Dinner und dem Intellekt von der Show von Markus Lanz wechseln sich in einer Geschwindigkeit ab, die Picard auf der Enterprise mit Warp-Geschwindigkeit rot werden lässt.

Ein sehr kräftiger Mann ruft jeden Morgen zum Miracle Morning aus, bei dem man sich im Kreis stellt und sehr dumme Sachen in den australischen Morgendschungel ruft.

Die Wirtschaftlichkeit von diesem Camp kommt mir vor wie die damalige DDR: Obwohl ich hier den Intellekt der Ostdeutschen nicht beleidigen will.
Zwischen Fragen wie: „Wo geht die Sonne auf?" und der Antwort: „Im Osten... escht jetzt ... krass und was passiert im Westen?", folgt eine Schlacht, die der

verbalen Dummheit unterjocht ist und jeglicher Logik trotzt.

Jeden Morgen schreien Sonja und Michael in den australischen Dschungel: „Ich habe nichts gelernt, bin so dumm wie Brot! Kohle muss rein!"
Oder so ähnlich...

Absurd und ich schalte ab!

Nach dem Dschungelcamp wird eine Armada an Berichterstattungen losgetreten.
RTL wird zum Dschungelcampnachrichtensender umgebaut.

Sage und Schreibe 12 Stunden am Tag, 10 Tage hintereinander wird nun vom Camp und den Insassen berichtet.

Absurd.
Aber die nächste intellektuelle Inkontinenz ist bei RTL und anderen Sendern schon geladen.

Es folgen Samstagabend-Spielshows mit Spielen, die ich mit 5 gespielt habe.
Die jetzt aber Erwachsene spielen.

Überall sehe ich Comedians, Chris Tall, Bülent Ceylan, Caroline Kebekus, Kaja Yanar und Luke Mockridge wechseln sich bei diesen Shows ab.

Comedians bei RTL; Comedians bei Sat 1; Comedians bei RTL2; Comedians bei Pro 7.
Ich habe schon Probleme, den Kühlschrank zu öffnen, weil ich Angst habe, dass mir ein Comedian entgegenspringt.
Sololiveshows dieser Comedians sehen immer gleich aus.
Warum? Ich erörtere!

Auftritt → 5 Min. Applaus und sich im Meer der Massen baden → Vorbereitung auf den Witz → Applaus → Wiederholung der Einführung auf den Witz → Applaus → Witz → Applaus → Lachen vom Comedian → Applaus → Pointe → Applaus → 25 Minuten sind rum!

So erzählt er drei nicht lustige komische Geschichten und das Fußballstadion geht sehr erheitert heim...

Die Geißens schaffen es in ihrer Dokumentation über ihr Leben, Dekadenz, Dummheit und Egoismus zu einem Wort zu formen. Ich nenne es Dekadummiismus.

Absurd?

Nein!

Jetzt kommt auch noch die Politik mit Artikel 13 dazu.
Axel Voss ist der einzige Mensch auf der Welt, der denkt, er könnte Hardware downloaden.

SPD verwählt sich aus Versehen und nach dem Aufruhr beschließt die EU tatsächlich, das Wort Uploadfilter im Gesetz gezielt zu vermeiden… Axel Voss will hier nur seine Pornosammlung auf DVD und VHS als Werterhalt behalten.

CDU entpuppt sich hier als eine Art Steinzeitpartei.

Absurd.

Dazwischen befinden wir uns: Zwischen lustiger Unterhaltung, die uns verarscht, Politik, die uns verarscht und streikenden Kindern, die gemerkt haben: „Halt, hier passt was nicht, wo sollen wir denn später mal leben?", die wiederrum von der Politik verhöhnt werden als Schulschwänzer.

Stecken wir fest im kulturell abgestumpften Unterhaltungswahn von Politik und Medien?

Ein erfolgreicher Comedian würde sagen:
„Mir egal; wechselt euren Stromanbieter!"

Absurder Applaus.
Danke!

Hier ein Facebookspruch, der eines Morgens an meiner Pinnwand zu sehen war. Der Täter dieser üblen Tat war schnell gefunden.

Ich habe an deine Pinnwand geschissen!

(Ich bin froh, dass er diese Tat nur virtuell begangen hat.)

Die Pflanze ist nicht hin, die wächst knusprig!

Spinat schmeckt am besten, wenn man ihn kurz vor dem Verzehr durch ein großes Steak ersetzt.

Hmm… Alles verlief nach Plan…. Nur Der Plan war Kacke!

Meine gute Laune ist grad meine Motivation suchen-verdammt, jetzt sind beide weg!

Kapitel 2

Wenn ich Gänsefüße mit „Gänsefüßchen" schreibe

Der Wandhydrant

Der Wandhydrant sitzt an der Wand
und wird meist Pseudohydrant genannt.
Doch kann er auch ganz gut Wasser spritzen,
auch zu ihm kannst du bei Feuer flitzen.
Doch meist, da denkt sich der Wandhydrant:
„Ich möchte lieber stehen am Straßenrand
Da könnt ich Flammen draußen bekämpfen
und das Feuer im Freien dämpfen."
Doch leider steht dieser Hydrant
im Krankenhaus, an der weißen Wand.
Kommt nicht raus und kann nicht sehen.
Die Tür ist zu, da hilft kein Flehen.
Der Wandhydrant ist weggesperrt hinter Gittern.
Das einzig Gute daran, er wird nicht so verwittern!

Wie nennt man einen studierten Bauern?

Ackerdemiker!

Lieber a Wampen vom Saufen wie a Buckel vom Orbern!

Mein Zirkel ist kaputt, es gehen bloß noch Ellbogen!

Welches Gemüse ist immer lustig?

Kichererbsen!

Am Wochenende hab ich wieder
Leberwurstwochenende!

Da ist mir meine Leber Wurst!

Idiotologisch

Hallo und herzlich willkommen zu meinem Fachvortrag:

„Zuhause ist da, wo es weniger scheiße ist wie wo anders"

Ich werde mit einem Einsteigergedicht einsteigen.

Zwei Männer stehen am Strand und wollen dichten.
Sagt der erste:
„Ich steh am Strand, meine Füße im Sand."
Sagt der zweite:
„Ich steh am Strand und hab einen Korken im Hintern."
Sagt der erste:
„Das reimt sich aber nicht!"
Sagt der zweite:
„Aber es dichtet!"

Der zweite Teil meines Vortrages heißt:
„Warte, ich kann das... Oh, kaputt!"

Sehen Sie nun ein Schauspiel eines tierischen Wutbürgers:

Ah, diese verdammten...!
Kommen vom Süden hier her.
Diese verdammten Flüchtlinge!
Diese scheiß Zugvögel!

Kommen von Süden hier her und essen unseren Meisen alles weg!

Diese verdammten Vögel!

Ich bin gegen die Völgamisierung des Abendlandes!

Und diese Wildschweine erst!

Kommen vom Osten und essen unsere Maisfelder leer!

Und dann haben unsere Kühe nichts mehr zu essen und die Biogasanlagen keinen Strom.

Ich bin gegen die Wildschweinisierung des Abendlandes!

Was?!? Ich bin doch kein Rechter!

Ich bin Patriot.

Wisst ihr, wer wirklich rechts ist?

Die Fische!

Wo schwimmen denn Nazifische?

Im dritten Teich!

Und grüßen tun sich die … Die sagen „Hai Hitler"!

Und am Schlimmsten sind die weißen Haie…

Gott sei Dank kann man von Haien nicht gebissen werden, weil man das an der Musik hört…..

Schon allein an diesem Beispiel merkt man, dass diese Diskussion total dämlich ist.

Schulzeit

Als ich einen Popel aus der Nase zog
schnipste ich ihn, und im hohen Bogen flog
er durch die Lüfte, und blieb ohne Charme
hängen in den Haaren meines Banknachbarn.

Jetzt hab ich mir beim Kopf Verdrehen den Kopf
verdreht.

Was ist mehr wert als Gold und Platin?

Hämorrhoiden!
Die sind am Allerwertesten!

Was macht eine Bombe im Bordell?

Puff!

Ich hab jetzt auch Obst und Gemüse gegendert

Die Tomate
Der Tomaterich
Die Gurke
Die Gürkin
Der Gürk
Der Spinat
Die Spinatin
Der Spinazi
Die Zwiebel
Der Zwiebler
Der Bärlauch
Die Bärlauchte
Der Brokkoli
Die Brokkolianerin
Die Rübe
Der Rübel
Der Sellerie
Die Sellerine.
Die Paprika
Der Paprikaner
Die Ananas
Der Arminas
Die Kartoffel
Der Kartoffler
Der Apfel
Die Apfelsine

Der Landdoktor

Der Landdoktor lebt in einer Gemeinde oder in einem Dorf. Auf jeden Fall hat er eigentlich fast keine Kundschaft.

Aber es gibt eine Altersgruppe, die ein Alter erreicht hat, das über die Rente herausragt.
Diese Menschen stehen früh auf und gehen nicht zur Arbeit oder in den Garten oder im Park Vögel füttern.
Nein, sie gehen zum Doktor.

Warum?

Weil da was los ist!

Genau diese Gruppe trifft sich vormittags beim Onkel Doc. Da kann man über sein Herz, seine Nieren, seinen 4fachen Bypass und seine Beine, die nicht mehr wollen reden und sich das nötige Mitleid holen. Davon lebt der Landarzt und manchmal kommt auch ein Mensch, dem es wirklich schlecht geht, so wie mir.

Also, halb 9 Uhr in der Früh.

Ich sitze im Wartezimmer, mein Bauch tut weh, Kopfweh, Übelkeit und 5 gut gelaunte Rentner, denen anscheinend nichts fehlen kann. Ich kenne kranke Menschen, aber ich sehe keine.

Es ist 9 Uhr, der Onkel Doc hat die Heizung ausgeschalten, mir ist kalt. Eine alte Dame kommt herein, gut gelaunt natürlich, schmeißt die Tasche auf die Theke, packt ein paar selbstgebastelte Sterne aus und sagt mit einer fröhlichen, geradezu euphorischen Stimme: „Muss erst mal meine Hausarbeit auspacken."

So,, nur zur Zusammenfassung:
Wir sind beim Doktor, ich hab Kopfweh und Bauchweh, mir geht es schlecht und eine 100jährige
Frau kommt mit ihrem wahrscheinlich größten Hobby zum Doktor.
Na ja, sie ist bestimmt wegen psychischen Problemen hier.

Es ist halb 10, im Wartezimmer hat es 40°. Jetzt ein Knoppers, denk ich mir, aber das würde in der Hitze schmelzen. Egal, ich hab ja keins.

Noch so einer kommt rein, ein älterer Schnösel so Anfang 60. Jetzt sind 7 Rentner im Raum und eine so Mitte zwanzig. Ich nehme an, es sind 2 Leute über 70, 3 über 60 und 2 über 20 Jahre alt. Das sind statistisch 50 Jahre im Durchschnitt. Also, nach meiner Studie, die ich gerade abgeschlossen habe, bin ich 50 Jahre alt.
Aber was wäre, wenn jetzt noch einer über 80 kommen würde und die Frau in meinem Alter dafür geht, dann wäre ich Rentner und genau richtig hier...

Verschwitzt wache ich auf, es ist halb 12.
Ich bin durcheinander, Schweiß, aber ich friere, hmm.

Es wird 12 Uhr, da fällt mir ein dass ich in meiner Berechnung von vorhin die Temperaturschwankungen nicht mit einberechnet habe. Die Rechnung ist nichtig. Es ist halb 1, mich hat man in ein abgetrenntes Zimmer gebracht. Das Röcheln aus meinem Körper hat wahrscheinlich die ganzen Alten erschreckt, nicht dass sie noch krank werden.

Der Doktor kommt rein.
„Herr König, wie lange dauert das denn schon?"
„Seit gestern in der Nachtschicht."
Er berührt meine Stirn. „ Ja, sie haben hohes Fieber."
„Ach so, Sie drehen nicht die ganze Zeit an der Heizung herum?"
„Nein." Er runzelt die Stirn.
Ich war 6 Stunden beim Onkel Doc.
Nach so vielen Gesundheitsreformen ist das schon ein seltsamer Verlauf...

Über Zebras:
Weibliche Zebras werden in Fachkreisen auch als Zebrinen bezeichnet.
Hingegen weibliche Zebresel als Zebresinen durchgehen.
Eine Kreuzung zwischen Esel und Zebra wird in Fachkreisen auch Zebresel genannt.

Ich bin mir nicht sicher, aber ich glaub ich hab mich gestern auf eine neue spirituelle Ebene getrunken.

———————————

In Spanien haben sie den Weihnachtsmann verhaftet!

Er sitzt jetzt im Verlies Navidad!

———————————

Warum hat der Weihnachtsmann keine Kinder?

Weil er nur durch einen Kamin kommt!

———————————

Zu mir hat eine Frau gesagt, dass sie Nymphomanin sei.

Darauf hab ich gesagt:
„Ich pass schon auf, dass du kein Haus anzündest!"

Kapitel 3

Mein Computer hat angefangen zu brennen!
Hab dann auf Löschen gedrückt...

Die Leiden des jungen Hardcores

Zwei Mal im Jahr oder öfter
bin ich Wut entbrannt und steh fast vor meinem
Schöpfer.
Du ziehst und drehst und machst - es geht nicht, es ist
wie ein Fluch:
Das Spannbetttuch!
Die Seiten vertauscht, kurz ist lang und lang ist kurz.
Mir wäre es egal oder sogar schnurz.
Jedoch ist es dann nicht möglich,
denn der Schaden bleibt erheblich.
Wenn die Ecken nicht passen
und du drückst und ziehst, es ist nicht zu fassen.
Also wieder runter und ein neuer Versuch.
Mit dem Spannbetttuch!
So, nun kurz ist kurz und lang ist lang.
Geschaut und schnell sind alle Ecken dran.
Doch wehe mir, dann kommt der Widerspruch.
Umgedrehtes Spannbetttuch!
Die Naht ist außen und das Richtige innen.
Jetzt liegt es da und meine Tränen rinnen.
Auf zum letzten Versuch.
Mit meinem Spannbetttuch!

Runter die ganze Matratze, runter dieses Ding.
Wenn du nicht willst musst du sehen, wie ich dich zwing.
Geschaut, wie ich mit Geschling
oben, unten, innen und außen zu Recht ich dich bring.
Danach wird geknetet, die Ecke in die Ecke,
seht, wie ich mich strecke!
Dann die anderen Seiten,
seht, wie die Finger über das Tuch gleiten!
Ich bin fertig! Durchgeschwitzt mit Geruch.
Da liegt das Spannbetttuch!
Keine Falten, das ist mein Anspruch.
Mein Spannbetttuch!
Doch die Freude währt nur kurz,
dann kommt mein mentaler Sturz.
Die Frau kommt rein und ich schrei wie ein Eunuch.
Es war das falsche Spannbetttuch!

Ich kenn einen, der arbeitet an der Börse!
Ich denke, der ist da Spekulatius oder so ähnlich...

Wenn man den Heranwachsenden ein soziales Jahr
aufbrummen will, dann frag ich mich doch, was das für
Jahre zuvor gewesen sein sollen?!

Deutschland ist besch…… !

Alles in Deutschland (und wahrscheinlich in ganz Europa) trägt ein Schild.

Ob Hauswände, Baustellen, Straßen, Autos, Türen, alles ist beschildert.

Hier eine Kostprobe:
Eltern haften für ihre Kinder,
Betreten der Baustelle verboten,
Parken verboten,
Parken kostenpflichtig,
Auto wird abgeschleppt,
Baby an Bord,
Hier baut Meyer,
Tür schließt selbstständig,
ziehen,
drücken,
Aufzug 250KG belastbar,
Achtung Rutschgefahr,
Eingang hinten rechts,
Bin im Garten,
12,
13,
14,
125,5.

Wobei jedes Schild ja nicht zum Spaß da dran steht.

Das heißt fast alle, bis auf das Schild:
Baby an Bord.

Ja, wen interessiert das eigentlich, soll ich ihm vielleicht deswegen die Vorfahrt schenken?

Nein, das ist meine Vorfahrt, oder evtl. ihm langsam reinfahren.

Aber nach jahrelanger Studie bin ich zu dem Ergebnis gekommen:
Solche Menschen wollen mit ihrem Kind angeben.

„Oh, schaut her, ich kann ein Kind machen".
So dachte ich für ganz schön lange Zeit, aber der Verdacht bestätigte sich nicht.

Aber was ist es dann, warum brauchen Leute diese Schilder? Darf man dann irgendwo parken, wo sich sonst keiner hinstellt? Oder sind vielleicht hässliche Rostflecken auf dem doch so schönen Auto, die man dann mit einem Aufkleber abdecken muss? Nein!

Also, warum dann so ein Schild und warum gibt es keine Schilder wie „Oma an Bord", „Opa an Bord", „Freundin fährt mit", „Auspuff ist dran", „Fünf sind dabei", „TÜV bis Ende siehe Boden"?
Hm. Ach, Sie sagen das ergibt keinen Sinn? Denken Sie bitte an „Baby an Bord", ergibt das Sinn?

Der Rabe von Edgar Ellen Hardcore

Ganz im Stillen vor den Geschäften saß ein schwarzer
Rabe,
und guckt ganz verdrossen, wie ich mich an meinen
Pommes labe.
„Ach du heiterer Gesell", sage ich zu diesem Geschöpf,
„was ist dein Begehr?"
Da sagt der Rabe: „Pommes her!"
Ich wie war ich doch erstaunt, dass dieser Flieger sprach
mit mir.
Ob die Drogen, die ich vorher nahm zu mir eine Rolle
spielten?
Ich frag den Raben: „Was ist dein Begehr?"
Sprach der Rabe: „Pommes her!"
Ganz erstaunt schmeiß ich dem schwarzen Flügler
eine Pommes da hinüber.
Worauf der Vogel sagt: „Danke sehr!"
Und so hat er sie mit den Fuß genommen,
war kurz weg und ist dann wiedergekommen!
Ich sprach: „Was will der werte Herr?"
 Worauf der Rabe frech erwidert: „Pommes her!"
Und die Moral von der Geschicht:
Drogen und sprechende Raben, das eine gibt's, das
andere nicht!

Einfach mal abheben:
Bankräuber macht Urlaub!

Hab gerade ein Blatt gelocht ... also nur so am Rande.

Zuhause ist dort,
wo die Klositzhöhe optimal eingestellt ist.

Neue Erfindung!
Altar zum Mitnehmen!

The Praybox
For the Prayers

Wer Gänsehaut, schlägt auch Enten!

Casting Germany

Jeder castet seine Nummer eins!
Deutschland im Castingfieber.

Ich frage mich, von was ich in den 90igern im Fernsehen
unterhalten worden bin. Denn von 2000 an wurde die
erste Castingshow eingeführt.

Zuerst kam auf Pro 7 die erste Popstars-Staffel und dann
Superstars auf RTL, das reichte erst mal.

Und das hätte auch gereicht, aber heute, im Jahre 2009
wird ganz Deutschland leer gecastet.
Ob Let´s Dance, Popstars on Stage, Superstars, Stefan
Raab mit ssdsdskwmuagbrtlad , Rainer Calmund castet
einen Supermanager und als ob das nicht schon reichen
würde, castet man auch noch die 60iger, die 70iger, die
80iger und die 90iger in den, nennen wir sie mal die
„igershows".
Und weiter geht's, wir casten Hitgiganten, eine Show,
die Hits nach Erfolg einstuft.
Dann kommt Oliver Geißen um 21.15 Uhr auf RTL und
sagt:
„Hallo erst mal, na das durfte in den 80igern nicht
fehlen".

Aber zurück zu Castings.

Bald wird Deutschland leer gecastet sein, dann verdient jeder sein Geld mit singen oder tanzen und wenn die eine Show zu Ende ist, kommt gleich die nächste und jedes Mal sind auch noch welche dabei, die singen können.

Ich würde mich mal sehr freuen, wenn da so ne Show aufgezogen wird und dann kommt keiner, der singen kann. Dann müsste die Sendung abgesetzt werden. Aber auch das wird nicht passieren, denn das ist das Schöne an so ner Sendung. Wenn total von sich überzeugte halbwüchsige Bürschchen sich vor Millionen von Zuschauern blamieren.

Das ist die Stelle im Fernsehen, bei der man getrost sein Hirn ausschalten kann, denn man lacht über andere. (Nachzulesen im Buch von Hannes Stein: Endlich Nichtdenker.)

Nachtrag:2018!!! Es sind doch nicht im Ernst noch ein paar Casting-Shows dazu gekommen, hallo, was ist denn los mit euch allen? Ob the Voice, das Ding, Let's Dance, usw., immer derselbe Ablauf. Immer erst Vorführung und dann Bewertung von, naja, „Profis".

Kapitel 4

Ich hatte so Hunger, da hab ich ne ganze Wand verputzt

Falls mal das Gespräch fehlt:

Wem geht es nicht manchmal so. Man sitzt oder steht bei jemandem, wie z.B. in der Arbeit oder am Kaffeeautomaten oder in der Kneipe oder bei einer Versammlung…
Es fehlen einfach die Worte.
Hier ein Paar Anfänge für Gespräche:

„Ganz schönes Sauwetter draußen."

Achtung, bei diesem Satz muss man eine Begründung haben, oder es muss wirklich Sauwetter sein.

„Jaja, soso."

Das ist ein Klassiker und es kommt bestimmt irgendwas zurück.

Wenn man eine Zeitung zu Hand hat, kann man sich auch gleich darüber aufregen.

Z.B. Diätenerhöhung, Benzinpreise, Politiker, alles wird teurer, Rente ab 67 Jahre, usw.

Wenn Sie so ein Gespräch anfangen, wird das Gespräch sehr einseitig und vor allen aber auch depressiv, aber immerhin besser, als dazusitzen und sich anzuschweigen.

Aber Vorsicht, so ein Gespräch über negative Themen sollte man nicht mit einem psychisch labilen Menschen führen, denn es belastet zu sehr den schon so ange-schlagenen Verstand!

Oder wollen Sie, dass sich der Typ, mit dem Sie sich gerade noch unterhalten haben, gleich von der nächsten Klippe schwingt? Ich hoffe doch nein.
Falls ja, dann nur zu, drücken Sie richtig auf die Tube.

Über die Arbeit kann man natürlich auch reden, aber es kann unter Umständen (wenn man mit einem Arbeits-kollegen beim Feierabendbier sitzt) sehr gefährlich sein. Die Meinungen gehen doch sehr weit auseinander. Wenn man da dann anfängt zu erzählen und der besagte Kollege große Augen macht und zudem noch einen guten Draht zum Chef hat, dann ist äußerste Vorsicht geboten.

Also, ein Rat von mir: Lieber die Schnauze halten!
Einen Witz kann man natürlich auch mal zum Besten geben. Meist ist es dann aber leider so, dass der ihnen

Gegenübersitzende zur Hochform aufläuft und einen schlechten Witz nach dem anderen raushaut. und man muss dann bei jedem Witz, den er da aus seinem unglaublich großen Vorrat, wie „treffen sich drei" oder „sitzen drei", so tun, als würden die Witze immer besser.

Es gibt aber auch gute Anfänge für ein Gespräch, z.B. Beim Kaffeetrinken in der Kaffeeecke:

„Der Kaffee ist heute aber wieder (hier wahlweise heiß, kalt, gut, zu teuer einfügen)."

Im Wirtshaus oder in der Kneipe:

„Das Bier schmeckt heute irgendwie komisch."

„Irak? Das ist ja ganz da unten!"

„Die Amerikaner sind alle Verbrecher und sowieso an Allem schuld."

Das sind zwar auch alles depressive Themen, aber sie betreffen nicht die Leute, die darüber reden.
Also sind diese Themen für die Leute nur Zeitvertreib und nicht von wichtiger Bedeutung.

DER ERLKÖNIG NEU   (Rapper MC Hardcore)

Ich drück aufs Gas mit um die 500 PS.
Fahre mit meinem Sohn GTA Los Angeles
Mein Sohn, was guckst du so aus deiner Fress'?
Hey Digger, guckst du, da vorn, da gibt's Stress!
Hey Digger, das is doch Nebel,
Sohn, schnall disch an!
Wir fahren Rennen gegen Penner nebenan.
Hey Digger, weißt du, was der sabbert?
Keinen Plan, was der Penner labert.
Schießt der Typ auf meinen Bastard!
Muss jetzt schnell fahren, sonst kackt er ab.
Hey scheiße, Digger, bist du kaputt!
Schwör dir, dass ich auf Erlkönig spuck!

———————————

Wenn ich in eine Apfelschorle Wasser gebe, hab ich
dann eine Apfelschorleschorle?

———————————

Bewegt sich nachts die Deckenlampe,
hast du Nothhaft in der Wampe.

Wussten Sie schon! (Herr Olafson)

Die Schuhschachtel, auch Schuhkarton genannt, ist eine für Schuhe, Stiefel oder andere formidable Fußbekleidungen verwendete Transport- und Verkaufsverpackung, die auch als Aufbewahrungsbehälter für das Schuhwerk benutzt werden kann.
Schuhschachteln aus Papierwerkstoffen wie Pappe kamen etwa Mitte des 19. Jahrhunderts im Zuge der beginnenden industriellen Schuhproduktion auf, als praktikable und zugleich kostengünstige Schutzverpackungen für den Transport von der Fabrik zu den Händlern notwendig wurden.

Nebst der Aufbewahrung von Schuhwerk dient die Schuhschachtel auch als Lagermöglichkeit für andere Gegenstände, als Beispiele sind hier aufgeführt:
Kleinere Schachteln mit oder ohne Inhalt;
Gummibärchen,
Pferdeäpfel,
Barthaare,
Bananen.

Vor allem bei Jugendlichen dient der Schuhkarton als Versteck für Pornographie.

Mehrere leere hochkant gestapelte Schuhkartons können als Bücherregal verwendet werden.

Als Blumentopf jedoch ist die Schuhschachtel gänzlich ungeeignet, da sich selbige bei Kontakt mit Wasser zersetzt.

Infolge dessen ist zu schließen, dass die Schuhschachtel als Aufbewahrungsort für trockene oder künstliche Blumen sehr wohl geeignet ist, da bei diesen das Gießen entfällt und somit kein Kontakt mit Wasser zustande kommt.

Schuhschachteln aus Holz, gar Blech, bleiben heutzutage nur hochwertigem Schuhwerk (Designerschuhe) vorbehalten, die Massenproduktion setzt vor allem aus Kostengründen auf die billigere Pappalternative.
Die Schachtel ist meist Quaderförmig, oval oder gar kugelförmig.

Das haben meine Nachforschungen ergeben, als ich mir Schuhe kaufte und mich bei einem Experten für Schuhschachteln erkundigte.

Diesen Brief bekam ich zurück und ich habe mich sehr darüber gefreut.

Außerdem fand ich es so interessant, dass es in diesem Buche jetzt jederzeit nachgeschlagen werden kann.

Danke, Herr Olafson!

Alte japanische Weisheit:
Lieber im Stuhl eingeschlafen,
als im Schlafen eingestuhlt.

Wann gibt eigentlich die Feuerwehr Martins Horn
zurück?

Mein Vater war ein Kumpel.
Er arbeitete 36 Jahre in einer Bleistiftmine.

Die Kundin fragt den Verkäufer:
„Ich brauche Äpfel für meinen Mann, sind die Äpfel mit
Gift bespritzt?"

Verkäufer:
„Nein, das müssen Sie schon selbst machen!"

„Musst du denn immer besoffen nach Hause kommen?"
„Nein, das mach ich freiwillig!"

„Wir ziehen ja jetzt aufs Land, wegen den Kindern!"

„Echt, sind die so hässlich?"

Ein Idiot ist ein Idiot.
Zwei Idioten sind zwei Idioten.
10000 Idioten sind eine ganze Partei.

Alle gehen zum Friedhof,
außer Hagen, der wird getragen!

„Hallo Schatz, hab meinen Schlüssel verloren, willst du
mir aufmachen oder ist der Schlafsack immer noch
hinter der Mülltonne?"

„Und, wie war die Party gestern?"
„Ach, voll lahm, hätte ich meine Hose eher gefunden
wäre ich schon eher gegangen!"

Kapitel 5

Die Kunst, pünktlich zu spät zu kommen

Geburt

Damals, als meine Geburt kurz bevorstand, fasste ich mir ein Herz und dachte darüber nach, wie es wäre, ein Luftatmer zu sein.

Nach kurzer Überlegung beschloss ich, diesen Gedanken zu verwerfen, weil gerade Essen die Nabelschnur passierte!

Als ich dann geboren wurde,
oder ich mich gebar-
naja, egal.

Ich schnupperte zum ersten Mal Luft und dachte ganz angespannt nach, was das Leben so bringen würde.

Wer hätte gedacht, dass ich irgendwann mal keine Windeln mehr brauche.

Wer hätte gedacht, dass ich mich ausreichend in voller Wonne artikulieren kann.

Wer hätte es ahnen können, dass ich Hosen trage...

An einer Pinnwand:
„Habt ihr heute schon aufgeräumt?"
„Ne! Warum?"
„Ich glaub ich habe meine Hose bei euch liegen lassen?!"
„Nee, hast du nicht!"
„Woher wollt ihr das wissen?"
„Du bist schon ohne gekommen!"

Hier ein ziemlich verstörender Pinnwand-Eintrag, den ich bis heute nicht so recht glauben kann:

„Warum zur Hölle bin ich auf der Arbeit aufgewacht?"

21:10
Huhu Schatz, ich bin Grad mit C. in der Kneipe. Wir gucken gerade, wer zuerst betrunken ist ;-)

23:24
Gewonnen!

Ich weiß, die Stimmen in meinen Kopf sind nicht real!
Aber die haben so verdammt geile Ideen!

Was ist weiß und stört beim Essen?

Eine Lawine

Ich habe gestern beim Bäcker angerufen, da ging die
Mehlbox ran!

Was ist braun und sitzt hinter Gittern?

Ne Knastanie!

Was macht ein Clown im Büro?

Faxen!

Merke:
Dreckiges Geschirr schimmelt nicht, wenn man es
einfriert!

Zahnarzt zum Patienten: "Das könnte jetzt eventuell ein
bisschen wehtun!"

Patient: "Kein Problem."

Zahnarzt: "Ich habe seit drei Jahren ein Verhältnis mit
ihrer Frau!"

Fragt der eine Pickel den anderen:
"Hey, wo ist denn deine Freundin?"
Antwortet der andere:
"Abgekratzt."

Was ist haarig und kommt in die Pfanne?
Eine Bartkartoffel!

Leberhakenkristina

Leberhakenkristina war wieder draußen.

Sie hatte ziemlich lang gesessen und konnte so über ihre Taten nachdenken. Klar war es gemein, was sie getan hatte, aber irgendjemand musste ja dran glauben.

Immer und immer wieder dachte Sie an die schönen Zeiten mit Myhti Hardcore. Jedoch hatte sie ihm einen so starken Leberhaken verpasst, dass man sie heute nur noch unter Leberhakenkristina kannte. Mythi Hardcore versuchte sich zu wehren, aber dieser Leberhaken war zu wuchtig. Er sackte zusammen und fiel auf der Stelle um! Leberhakenkrissi sollte sie von nun an heißen!

Keiner traute sich nur im Entferntesten, sie anzusprechen.

Leberhakenkristina war ein Morgenmuffel und hasste es, wenn sie geweckt wurde oder irgendjemand ihr eine Frage stellte oder irgendjemand irgendwas tat!
In der damaligen Zelle weckte sie keiner.
Alle Häftlinge, sowie auch die Gefängniswärter schlichen sich immer auf Zehenspitzen an der Zelle vorbei.
Sie war eigentlich kein Morgenmuffel, sie war ein Morgenstier.
Nur einer soll es mal gewagt haben, ihr Frühstück ans Bett zu bringen. Der Mann wurde nie wieder gesehen!

Erst nach 2-3 Stunden intensivstem Gegrummel und Schimpfen über alles, was sich im Raum befand, wurde sie ruhiger.

Ihr Name Leberhakenkristina war ihr nicht fremd und so ertappte sie sich öfter dabei dass sie wenn Leute an ihr vorbei liefen einfach mal zuckte, als würde sie gleich zu ihren berühmten Schlag ausholen.

Manche überlebten das Antäuschen, jedoch kamen die meisten schon nur bei den vorgetäuschten Leberhaken ums Leben! So groß war der Respekt vor ihr gewesen.

Nun war Sie wieder zu Hause...

Mythi Hardcore versteckte sich seit dem Leberhaken im Keller und hatte sich eine kleine Wohnung dort eingerichtet.

Was ist braun, knusprig und spaziert durch den Wald?

Brotkäppchen!

Klein Maxl spielt in seinem Zimmer Eisenbahn.
Er ruft:
"Achtung, Achtung! Alles einsteigen, der Zug fährt in
Wunsiedel ein nach Marktredwitz. Kleine Arschlöcher
vorne einsteigen, große Arschlöcher hinten."

Die Mutter in der Küche hört das und denkt sich sie hat
sich verhört, also lauscht sie an der Tür.
Sie hört wieder:
"Achtung, Achtung! Alles einsteigen, der Zug fährt in
Wunsiedel ein nach Marktredwitz. Kleine Arschlöcher
vorne einsteigen, große Arschlöcher hinten."

Sie geht ins Zimmer vom Maxl und stellt ihn zur Rede.
Zur Strafe und um Nachzudenken muss Maxl jetzt eine
halbe Stunde mit in die Küche gehen.
Nach der halben Stunde darf Maxl wieder Eisenbahn
spielen.

Er sagt
"Achtung, Achtung! Alles einsteigen, der Zug fährt in
Wunsiedel ein nach Marktredwitz. Kleine Arschlöcher
vorne einsteigen, große Arschlöcher hinten und wegen
der blöden Kuh in der Küche haben wir jetzt auch noch
ne halbe Stunde Verspätung!"

Die Holztüte

Als ich 1919 die Holztüte erfand, waren die Tüten noch aus Hanf und wurden nach Gebrauch meistens geraucht. Am 24.11.1919 meldete ich die Holztüte als Patent beim Amt in München an.

Als Antwort bekam ich, dass dieses Patent einer Holzkiste ähnelt und dass auf eine Holzkiste bereits ein Patent angemeldet wurde.

Auf mein Nachfragen, wer meine Holztüte vor mir erfunden hatte, bekam ich folgende Antwort:

„Sehr geehrter Hardcore,
das Patent der Holzkiste hält nach unseren Angaben ein Herr aus Nordschweden."

Herr Olafson hat das Patent 1912 angemeldet und ist somit im Besitz der Patentrechte!
Nun ja, ich packte schnell meine Sachen, um Herrn Olafson einen Besuch abzustatten.
Bei diesem Treffen erfanden wir dann gleich durch Zufall die Farbe! Zuvor war alles schwarz/weiß.
Rot hatte es Herrn Olafson besonders angetan und er wollte demnächst etwas Größeres streichen.

Leider verloren wir uns aus den Augen.
Ich fuhr weiter und ließ in Augsburg die Puppen tanzen.

Olympiade des Lebens

Meine Damen und Herren, herzlich Willkommen zu der Olympiade des Lebens, live in der Konferenzschaltung. Gehen wir gleich zu den Wettkämpfen in der Liveübertragung:

Jawohl, wir kommen gerade richtig rein, als sich der kleine Max auf die Hausaufgaben konzentriert und Max Breitner, der Rechenhammer von Thiersheim, wie er auch genannt wird, macht sich bereit.

Letzte Woche hatte er schon bei den vier Deutschaufgaben sein ganzes Können unter Beweis stellen müssen, was er dann auch getan hat.

Meine Damen und Herren, das hier ist Rechensport vom Feinsten!

Maximilian, der erprobte Zehnkämpfer, der in der 1. Klasse startet, wieder unter schweren Zugzwang. Sein Konkurrent war schon gestern dran und konnte ein gutes Ergebnis erzielen. Er macht sich bereit, die Spannung ist kaum zu ertragen!

Er nimmt seinen Stift aus dem Mund in die linke Hand und versucht nun zu rechnen, von der Tribüne der deutschen Fans schalt es zu uns hinunter „5+5+5", die Stimmung in der Küche ist am Überkochen...

Er setzt an... ja, das könnte eine 5 werden ... ja ... jawohl!

Den Bogen sehr schön durchgezogen auf der Linie und ja, das ist eine 5! Aber jetzt heißt es zittern, wird er die 1 machen? Die Spannung ist kaum auszuhalten!

Und... wird er es schaffen?

Jawohl! Da steht die Eins wie eine Eins!

Das könnte fürs Podest reichen!
Gehen wir rüber zur Geometrie zu Fabian und Hans-Karl.
Hans, wie schaut's aus?

Ja, Fabian hatte ja letzte Woche sichtbare Schwierigkeiten, einen Bogen zu ziehen, so dass er und sein Trainer in den letzten Tagen nochmal Schwerpunkt Zirkeltraining hatten, er ist also gut vorbereitet.

Er setzt an.

Ja, die Nadel sitzt im Papier...
Gut vorbereitet, schöne Minenführung.

Oh nein, was war das? im ersten Durchgang rutscht die Nadel aus dem Papier! Ein schwerer Fehler!

Sichtlich enttäuscht von seiner Leistung sitzt er da und kann es nicht fassen! Ja, vielleicht klappt der zweite Durchgang besser. Der Trainer versucht ihn aufzubauen, aber der entstandene Schaden ist erheblich, meine Damen und Herren.

Er ist am Boden zerstört, ja das sieht man...

Nun zu dir lieber Harald, zu den Schafkopfern in der weißen Ross Arena. Da wird es wieder in die Verlängerung gehen ...

Ja hallo zusammen, das kann man wohl sagen, hier sind sehr seltsame Entscheidungen gefallen am heutigen Abend.

Die kurioseste war aber, wie Hardcore für Walter eingewechselt wurde und ein grün Solo spielte, jedoch Vanessa aus Spanien Trumpf anspielte und somit das Konzept von Hardcore störte...

Das hatte er nicht kommen sehen und so kam der sonst so souveräne Hardcore ins Strudeln und es fehlten ihn auf der Zielgeraden 5 Punkte.

Nun spielt gerade Walter ein Spiel mit der einfach Höchsten. Markus spielt Eichel an, Walter gibt zu - jetzt kommt die Eichel Ass von Strö-tö-tö-hnz - Gesundheit! -, der vermutlich einen Schnupfen bei der Anmeldung hatte... und sticht mit einen Grün Unter!

Jetzt müsste Vanessa auch stechen und ja, da kommt der angekündigte Trumpf mit einer Genauigkeit, die selten gesehen habe.

Jetzt zweite Runde.

Sie bringt eine Grün Neun ins Spiel in weiser Voraussicht, dass ihr Mann diese Karte stechen kann. Jetzt zu Markus, Markus gibt an Walter ab und da kommt Strö-tö-tö-hnz - Gesundheit! - von hinten angedampft und macht das Ding!
Tja, so kann's gehen, meine Damen und Herren.

Auf der Tribüne gibt es erste Zwischenrufe:
„ Uwe, Bier!" - „Helles oder Pils?" - „Zwei helle, drei Pils!"

Ja, für mich bitte auch.
Aber die Störenfriede werden gleich mit dem jeweiligen Getränk abgespeist. Bei diesem Sport hat die Biersecurity immer etwas zu tun...

Walter, der Veteran am Tisch lässt kurz ab um dann mit einen Ober zu stechen.
Dem Walter, der schon vor Jahrzehnten mit dieser Sportart angefangen hat, macht Vanessa nichts in dieser Sportart vor.
Und jetzt, ja was macht er jetzt?

Er täuscht links an und spielt den Grün Ober aus. Ja, das ist der legendäre Walter, der auch liebevoll Wampen Walter genannt wird, wie man ihn kennt. Links müsste jetzt Strö-tö-tö-hnz - Gesundheit! - kommen und Stechen. Aber...Walter macht das Ding! Jawohl, eiskalt verwandelt!

Wie schaut's bei den Meisterschaften in Hausaufgaben aus?

Ja, Maximilianen hat Boden gut gemacht und ist jetzt schon beim letzten Block. Er schaut nochmal auf, Finger aus dem Mund und Stift hinein in den selbigen... jetzt heißt es dran bleiben!

Im Wohnzimmerfanblock gibt es Ausschreitungen, weil die Katze über den Tisch gelaufen ist.
Was aber Max mit seiner Bombenkonzentration nicht mitbekommt.

Er setzt an... ja, kurz und schmerzlos, das ergibt 12 und das war's gewesen!
Max Breitner gewinnt im 1 mal 1 Turnier in Thiersheim haushoch und bleibt weiter ohne Konkurrenz...

Hans, wie steht's bei Fabian?

Fabian steht nun an den Satzbausteinen.
Er nimmt den ersten Artikel und kann spielend ein „das" vor dem Feuerwehrauto setzen...

Ja, in dieser Disziplin macht ihm keiner so schnell was vor! Aber das war ja schon im Vorfeld sicher. Jetzt müsste er nochmal Feuerwehr ausschreiben...
Was hat er jetzt vor -er kürzt ab , er kürzt ab! Ist denn das zu fassen?

Auf der Zielgeraden so ein dummer Fehler, Feuerwehr abzukürzen mit FW! Zwar regelkonform, aber das wird geahndet von der zuständigen Lehrerkomission, da bin ich mir sicher.

Ist im weißen Ross noch alles im Laufen?

Das Spiel ist aus, dass Spiel ist aus! Walter und Vanessa gewinnen haushoch verdient mit 82 Punkten. Zwischenzeitlich sind die Gegner nochmal herangekommen, aber da kam Vanessa, spielt den Eichel Ober an und macht den Sack zu!

Herrliche spiele heute Abend, aber jetzt ist es vorbei, die weiße Ross Arena schließt. Die Spieler wollten zwar noch in die Verlängerung gehen, aber der Wirtsrichter beendet das Spiel und schließt die Theke. Die Zuschauer schwanken friedlich nachhause!

Zurück ins Studio.

Und gerade bekommen wir noch von der Küche eine Meldung rein.
Hier hat die Mutter in drei Sätzen Schnitzel mit Kartoffeln und Beilagensalat für sich entschieden und steht somit im Esszimmer im Viertelfinalessen.
Im Anschluss hören Sie noch auf Bayern 1 alle Ergebnisse der heutigen Spiele.

Vielen Dank für Ihre Aufmerksamkeit!

Bauarbeiter früh beim Bäcker

Bauarbeiter: "Ich hätte gerne so 'n Ding da!"

Verkäuferin: "Zuckerschnecke?"

Bauarbeiter: "Ok. Zuckerschnecke, ich hätte gerne so 'n Ding da!"

Unter der Voraussetzung, dass jedem Mann jeden Morgen die Sonne aufgeht und um die Welt wandert kann man davon ausgehen, dass andauernd eine Penis-Laolawelle rund um den Globus wandert.

Jedes Bier und jeder Schnaps verkürzt das Leben um 6 Minuten.

Ich hab nachgerechnet! Ich bin 1846 gestorben!

Nachmittagsprogramm im Fernsehen würde mich nach 2 Wochen freiwillig in die Arbeit treiben.

Mit dieser neuen Sportart bin ich wirklich in Form gekommen!

In Kuchenform!

Ein Franke versteht den Witz:
Und jetzt alle ganz schnell hintereinander
"Schnee Apfel" sagen!

Am 9.8.1989 gründeten wir die etwas weniger
erfolgreiche Punk Band
"The Melones"

Unser größter Hit war "Brezenkönig Bob"

Geht eine schwangere Frau in eine Bäckerei und sagt:
"Ich krieg ein Brot."

Darauf der Bäcker: "Sachen gibt's!"

Kapitel 6

Wo schwimmen Nazi-Fische? Im dritten Teich!

Philosophischer Text

Wenn man ins Weltall schaut, soll man ja in die Vergangenheit sehen.

Gesetzt dem Fall, dass Gegenwart, Vergangenheit und Zukunft gleichzeitig ablaufen und sich nur die zeitliche Sequenz ändert, müsste man auch die Zukunft sehen.

Die Zukunft hat mehr Sequenzen als die Vergangenheit.

Wenn ich nun ins All schaue, sehe ich unsere Nachbarplaneten an und sehe zwischen Venus und Mars (unseren nächsten Planeten) Unterschiede.

Während es auf dem einen keine Atmosphäre mehr gibt, ist der andere Planet umgeben von einer mit CO_2 gesättigten Atmosphäre.

So hat die Erde, wenn man es philosophisch sehen will, zwei Sequenzen:

Die eine Sequenz, mit der Technologie, die wir jetzt jeden Tag in die Luft blasen: nämlich Venus.

Die andere Sequenz scheint ein Ruhezustand zu sein, wenn wir den Forschern Glauben schenken, gibt es hier Wasser.

Beide Zukunftsbilder finden ohne Menschen statt.

Oder man sagt, Venus liegt in der Zukunft und Mars in der Vergangenheit.

Was aber an der Sache nichts ändern würde, denn unsere Erde werden wir, ob es wir wollen oder nicht, so oder so verändern.

———————————

Weisheiten von Hardcore

Ein Licht im Dunkeln zu erkennen ist leicht! Ein Licht im Licht zu erkennen nennt sich Vorsehung und Hirngespinst. Ich nenne es Scharfsinn und Schneid und vielleicht etwas überirdisch!

Zeitgeist

Zeitgeist, ein Geist, der durch die Zeit reist
und Leute und Dinge durch die Zeit schmeißt.

Alle Sachen werden vergehen und alles, was du liebst,
wirst du verlieren

Zeitgeist,

der das Leben zerfleischt

und alles mit der Zeit verschleißt

In einem kleinen Haus am Waldrand wohnt ein alter
Mann.

Nichts ist Ihm erspart geblieben.

Seine Frau ist seit 4 Monaten nicht mehr bei ihm.

Er sitzt nur, er trinkt nichts mehr, es ist, als wäre sein
Sein

nur noch des bleichen Lebens Schein.

Der Tod, wie verflucht er ihn, der seine Liebste nahm.

Den Krebs, wie verflucht er ihn, dem seine Frau nicht
entkam.

Alles läuft im grauen Schleier ab, als ob sich die Zeit zusammen schiebt,

er manchmal dort ist und die Erinnerung wieder lebendig wird.

Sein Schwiegersohn besucht ihn öfter.

Und sie reden und bauen aus Wörtern Luftschlösser.

Die sich gleich wieder zerstören, wenn er weg ist.

Zeitgeist.

Nichts bleibt, und das was bleibt, ist verbleicht.

Die Zukunft schnell vertreibt.

Der Schwiegersohn bin ich,

 jedoch erkennt er mich nicht.

Seine Tochter erkennt er nicht.

Er lebt in der Erinnerung.

Der Krebs nahm ihm seine Frau

und die Demenz seine Gegenwart.

Manchmal bin ich ein Einbrecher, manchmal auch der alte Freund.

Von außen sieht man nichts, doch die Krankheit frisst ihn von innen.

Zeitgeist, der das Leben zerreißt,

Erinnerungen zerfleischt,

etwas Neues zusammenbaut und dann drüberschreibt.

Der alte Mann vergisst und sein Schleier wird immer dichter.

Menschen pflegen ihn, sagen zu ihm Opa, Uropa und Vater, doch erkennt er nicht die Gesichter.

Und eines Tages sieht er seine Frau vor sich stehen und es wird in ihm leiser.

Die Frau, die er liebte, die Frau, die er küsste und für einen Moment
dreht sich seine Welt kein Stückchen weiter.

Er fasst nach ihr, er will sie halten und sie winkt ihn herüber.

Er will hinterher, doch er kommt nicht hinüber.

Etwas hält ihn, er kann nicht fliehen.

Und dann, dann zieht es ihn zu ihr und er hält sie ganz dicht.

Hält Sie ganz fest und beide gehen ins Licht

Geist der Zeit.

Nichts bleibt. Erinnerung vertreibt.

Und alles bleibt nur eine kurze Gelegenheit.

Sein Buch musste so enden,
trag es fest in meinen Händen.

Seine Seiten sind beschrieben,
sein Lebensbuch ist hier geblieben.

Ich kann von ihm erzählen,
doch er wird für immer fehlen.

Nur diese Seite, die ist hier weiß
im Gedenken an einen alten Greis.

Auf Sat1 fangen sich erwachsene Menschen!
Deutsche Meisterschaft im Fangen?!
Leute ... Leute... Leute
Wenn wir 2030 die Welt ökologisch gemacht haben und
gleichzeitig 2% vom Inlandsprodukt für Aufrüstung
ausgeben.
Wir befinden uns heute in den goldenen 20igern!
Herzlich willkommen im Irrsinn.

Weihnachtswitz

Was sind die drei krassesten Berufe?
Weihnachtsmann, Osterhase und Postbote!
Der Weihnachtsmann trägt seinen Sack auf dem
Rücken, der Osterhase legt überall seine Eier hin und der
Postbote geht von Schlitz zu Schlitz, bis sein Sack leer ist!

Demnächst im zweiten Roman!
Hardcore und die Reise zum Klosteinhändler

Ausgelassene Stimmung in Finkcity

Blaumeise wachte gegen Mittag auf, ihr Schädel pochte.
Langsam und mit verzerrtem Schnabel schaute sie auf
ihren Hahnwecker. „Oh, verdammt!"

Die Blaumeise hatte gestern wieder in der Kneipe den
Blaufink getroffen und beide versumpften an der
Vogeltränke.
Beide waren dem Suff nicht abgeneigt und da war es
kein Wunder, dass sie öfter mit einen Missbehagen
aufwachten. „Naja, Gott sei Dank kein Kater!", sagte sie
einigermaßen freudig. Denn Kater waren tödlich für
Vögel.
Er bemerkte, dass neben ihm jemand lag...
„Wer zum Kuckuck...?"

Heute ist Black Friday.
Na gut.
Trink ma halt a Dunkels...

Herr Olafson und die Bierbauchbanditen

Stillschweigend standen sich Herr Olafson und der Bierbauchbandit gegenüber. Der Bierbauchbandit war wohl der dreisteste Gauner, den diese Stadt hatte. Er klaute nämlich Doktortitel und wissenschaftliche Abhandlungen. Das war Herrn Olafson zwar egal, aber beim letzten Raub hatte es Bierbauch ganz eindeutig übertrieben.

Dass er es gewagt hatte, das heliozentrische Weltbild zu klauen, war für Herrn Olafson ein untragbarer Zustand. Drei Kupernikanermönche hatten zwar versucht, dem Bierbauchbanditen Einhalt zu gebieten, aber er hatte einfach zu viel Masse, so dass die Kupernikanermönche in der Umlaufbahn des Bierbauchbanditen unkontrolliert umherflogen.

Herr Olafson schnipste an seinen Hut und und sagte: „Wo hast du das Weltbild versteckt?"
Der Bierbauchbandit wollte gerade anfangen zu singen, als Herr Olafson ausrastete! „ Nun sag schon, oder muss ich meinen Sextant erst ziehen, mach das Maul auf, du Ranzen!"

Doch im Weltraum herrscht die Stille.

Wenn Deutschland ein Länderspiel hat ...
hat Deutschland nicht immer ein Länderspiel oder spielt
es auch mal nicht gegen andere Länder?

Neue Erfindung

Der Pfarrstuhl!
Überwinden sie große Höhen, und das mit reinem
Gewissen!
Einfach einsteigen, beichten und im 10. Stock mit reinem
Gewissen aussteigen!
Die Neuheit aus Rom!
Jetzt einen Pfarrstuhl kaufen und zwei Ave Maria gratis
bekommen.

Philosophie aus Stemmas

Ich trink nie wieder nix?!?

Wutgemüse

Das ausländische Obst nimmt den einheimischen
Früchten die Arbeitsplätze weg!

———————————

Priester stirbt beim Sex:

„Oh Gott, ich komme!"

———————————

Bei was für einem Arzt ist Pinocchio?

Beim Holz-Nasen-Ohren-Arzt

———————————

Was ist grün und ausländerfeindlich?

Ein Spinazi!

Ich wollte mal Skispringer werden, aber ich hatte nie eine Schanze.

Ich kenn einen, der ist so groß und kräftig, der wenn in einen Smart einsteigt, dann schaut das aus, als wenn sich der ne Rüstung anzieht.

Jugend vergeht, Durst bleibt!

Nichts ist beständig!
Ausser Wodka, der ist absolut.

Wo machen Kühe Urlaub?

In Kuhba!

Spazieren gehen ist wie raus gehen, nur viel krasser!

Einige Frauen sind angemalt, als ob sie beim
Make-up-Autist waren.

„Ich kann's echt nicht fassen dass die zwei nach so viel
Scheiße wieder zusammen sind!"

Die Rede war von meinen Arschbacken.

Ich habe gestern versucht ein Sandwich mit einem
Obdachlosen zu teilen.

Er sagte nur, ich solle mir mein eigenes suchen.

Was wächst in der Erde und stinkt?

Eine Furzel

Heute Abend steck ich mir paar Asse in den Ärmel!

Geh nämlich heute Abend online Pokern.

Hab gerade ein Deo ausprobiert, da stand 24 Stunden drauf.

Hab ich drauf gedrückt... war nach 8 Minuten leer.
Voll der Beschiss!

„Dunkel die andere Seite ist."
„Sei still und iss deinen Toast, Yoda!"

Neue Erfindung!
Ein Radiergummi mit Anspitzer.
Ich nenne es Radierspitzer!

Mit was für einem Netz telefonieren Jediritter?

Mit Yodafon!

Mir ist gerade aufgefallen, dass wenn man beim Treppen steigen zwei Stufen nimmt, man gleichzeitig faul und fleißig ist.

Neulich bei Aldi

Liebe Kunden, es schießt die Kasse zwei auf Sie. Bitte nichts mehr auflegen.

Was ist Grün hat vier Beine und sitzt auf einen Baum?

Ein Billardtisch

Popeye hat sowas von gecheatet!

Brutus hatte nie eine Chance.

Das Mittel aus dem Kork hergestellt wird heißt im Übrigen Korktison.

Nebenberuf angefangen

Referent Hardcore
Hochzeiten 50 Euro
Scheidungen 100 Euro
Trauerfeier genauso teuer wie Hochzeiten!
Normale Sonntagspredigt 150 Euro. ...

Gestern in einem Prospekt gelesen: „Die Stromlüge"

Ich war schockiert und deshalb habe ich folgenden Text geschrieben. Er ist noch nicht fertig, weil ich so entrüstet war!

Der Strom lügt uns an!

Ich hab's gewusst!
Mein Leben war in den 90igern so schön.
Strom war noch ehrlich! Richtig ehrlich!
Ehrlicher als die SPD. Obwohl das nicht schwer ist.

Ja, früher war Strom noch physikalisch nachweisbar und heute? Jetzt ist Strom voll scheiße, so scheiße, dass wir Trassen verbieten müssen!

Strom, du Asi der Physik.

Wolltest du früher uns Licht machen, so willst du uns heute umbringen.

Was ist mit dir los?

Hast du es verlernt, uns zu dienen?
Bitte Strom, sei der, der du mal warst und gib uns unsere Freiheit wieder zurück.

„Aus was für Material ist eigentlich dein künstliches Auge?"

„Aus Glas!"

„Dachte ich mir, man muss ja durchgucken können."

Jede Minute vergehen in Afrika 60 Sekunden.

We in Bavaria say to "Harmonika": „Fotzenhobel"

Hey Wilkinson!!
Ihr mit euren Hautirritationen...
Nur zur Erinnerung, ich bin ein Mensch und kein Gebirge oder ein anderes geologisches Zentrum.

Kapitel 7

Sexualkundelehrer packt aus: Kinder geschockt

Ein Gedicht über meinen Bart
(in drei Minuten geschrieben)

Gewidmet allen Bartlosen. Kämpft für die Freiheit!

Es war mit 16 oder 17 Jahr,
da war der Bart im Gesicht plötzlich da.

Zuerst war's nur ein Flaum,
doch nach zwei, drei Jahren man glaubt es kaum,
da kommt er schon ganz stattlich daher.

Nicht gerade unbedingt prunkvoll oder lang gewuchert
und trotzdem werden 's Haare mehr.

Beim Essen gibt's Reste, die hängen wie Besucher
an meinen ausgeprägten Stoppeln.
Und so werden sie sich mit der Zeit verdoppeln.

So, dass ich ausseh wie Lenin.
Stolziere über die Straße dahin.

Doch, was muss mein Herz da hören?
Hab ich das Wort Salafist vernommen?
Dieses Wort, das tut mich stören
und ist im Zusammenhang mit Bart doch so vernommen.

Meinen Bart trag ich nicht aus fanatischen Gründen.
Nein, ich bin frei und ohne Sünden.

Ich und mein Bart passen gut zusammen;
zwar kann man ihn leicht entflammen,

doch wer es wagt ihn zu berühren oder zu schneiden,
dem werd' ich meine Faust in sein Gesicht einreiben.

Der Bart wird lang und länger.
Und wenn man ihn nicht kämmt und pflegt,
riecht er nach einer Weile strenger.

Wenn man verlegen schauen will und tut ihn streicheln,
wird das Frauenherzen beim Hinschauen schmeicheln.

Man kann ihn frisieren und bürsten,
drehen zu Zöpfen und Würsten,

einfach so mal kratzen,
mit ihm den Nikolaus machen,
wenn er lang genug gewachsen.

Einfach mal den Tag lassen,
und mit seinen Bart zu Fuß die Stadt verlassen.

Die Essensreste können leicht mit Kamm entfernt
werden.
Er sieht danach gut aus und es gibt keine Kerben.
Doch tut die Frau sich mal beschweren
sag zu ihr, ich tät ihn ja nicht an die Kinder vererben.

Außerdem, was macht ein Mann,
der ohne Bart sich nur rasieren kann?

Zur Entstehung dieses haarigen Werkes:

Dieses Gedicht trägt den Titel:
Ich schreib ein Gedicht über mein Bart ...
Verdammt, ich hab nur noch 3 Prozent Akku, aber das
Gedicht muss noch unbedingt fertig werden...

_____

Mein Körper fühlt sich an, als ob er die ganze Woche
durch gesoffen hätte...

Halt! Ich hab ja wirklich die ganze Woche durch
gesoffen!

Na, dann passt ja alles ...

In Sachen Haustiere
Herrchen: „Na, wo is er denn, na wo bist denn, bist du
ein Braver!"

Hund: „Ja, hier bin ich, ja hier bin ich, ich bin ganz brav, juhu mein Herrchen redet mit mir, jaaaa juhhuuu, ICH RASTE KOMPLETT AUS!"

Reaktion Hund: Alles an ihn wackelt rum.
Katze: „Alter, mein Untermieter ist wieder voll peinlich, voll der Idiot!"

Reaktion Katze: Schaut kurz hin und geht wieder.

Sexueller Selbstversorger!
Heute Nacht kommt das Handmänchen.
Hallo Niveau.

In Bayern gibt's kein „lecker"!

Außer du kannst mich am Arsch lecker!

Trocken auf See

Oktober 1520, 52 Grad Süd.

Zögernd tasten sich meine Segelschiffe vorwärts. Herrn Olafsons Flagge haben wir schon drei Tage nicht gesehen.

Eine bedrückende Stimmung ist auf dem Schiff meiner Mannschaft, der Alkohol ist ausgegangen!
Schiff 2 hat noch was, jedoch rücken die nicht damit raus.

Herr Olafson hat sich von der Flotte am 42ten Grad getrennt, um neuen Stoff aus dem Orient zu holen. Die Wellen wirbeln unsere mächtigen Schiffe auf, als wären sie Nussschalen.

Der erste Obermaat Wayneskofskie ist nervös.
„Soweit waren wir noch nie draußen!", ertönte gestern seine Stimme. Eine Stimme, die gleichzeitig Furcht und Verzweiflung in sich spiegelt.

Mir geht es auch nicht anders, aber ich bin der Kapitän dieses Schiffes.

Ich muss Härte zeigen, nur ein kurzes Zögern bei meinen Entscheidungen und die Mannschaft bricht in Panik aus. Kantig stehe ich an der Reling, zwei Arme hinter meinem Rücken verschränkt und zwei vorne auf der Brust.
Nebel zieht auf.

Die Luftfeuchtigkeit liegt bei 90 Prozent, nur ein Prozent mehr und wir würden ertrinken.

Lugerto, Kapitän von Schiff 4 what's light (altertümliches wahtsapp) mir mit Morsezeichen herüber, ob ich nicht auf ein Nothhaft vorbeischauen wolle.

Aber ich solle eins mitbringen, er hätte keins mehr!

Ich morse mit Lichtzeichen zwei lachende Smileys mit Tränen in den Augen zurück...

Ende Eintrag des Kapitäns

Wenn Großbritannien die EU verlässt, wieviel Platz wird dann frei?

1GB

Wie heißt der nordische Gott der Ungeduld?

Hammersbald!

Als ich mein Aussehen veränderte…

Damals, um die 1510er Jahre hatte ich mein Aussehen so stark verändern können das ich mich nicht mal selbst mehr erkannte und begann, mich zu siezen.

Ich war mir selber ziemlich fremd geworden, weil ich mich nicht mehr selbst erkannte, der Vorteil war aber, dass ich nicht mehr alleine gewesen bin.

So habe ich mich mit meiner Verfremdung unterhalten, gestritten, gesoffen, gearbeitet. Ich muss sagen, der war gar nicht mal so anders!

Dann hat mich so ein Künstler abgemalt und ich erkannte, dass ich mich komisch verändert hatte. Früher gab es nämlich gar keine Spiegel, man konnte sich nur selber abtasten und dann daraus schließen, wie man aussah.

Fortgehen war damals total anstrengend, wenn man sich fein rausputzte hatte man keine Ahnung, ob man sich eigentlich fein rausgeputzt hatte. Da kam es schon mal vor, dass Frauen beim Abendball aussahen wie der Joker bei Batman, weil ohne Spiegel keine gute Führung.

Spiegel wurden ja erst viel später erfunden. So 1990 rum… Aber das ist eine ganz andere Geschichte!

Hab einen Witz über die Bahn gemacht!
Jetzt weiß ich nicht, ob er angekommen ist.

Was gibt man Schlossern zu essen, wenn sie hungrig
sind?

Bohrfutter!

Ich bin total fasziniert von der Wissenschaft und den
modernen Geräten.

So haben sie es geschafft, dass schwarze Loch in Axel
Voss Kopf zu fotografieren.

Geschäftsidee!
Flaschenpfand: An und Verkauf

Heute beim Warten aufs Essen:
Man sieht schon am schlechten Reimen das ich nicht
lange gewartet habe.

Warten auf Essen!
Ich stand da so und wartete,
ob ich mein Essen bald begattete.
Ich war schon ganz angespannt,
weil mein Hunger hat mich ausgebrannt.
Und kurz vor meinen Hungertod
war ich blass, nicht rot.
Da kam das Essen um die Ecke
und es schmeckte furchtbar lecke(r).

———————————

Axel Voss glaubt, er könne Hardware downloaden!

———————————

Geht ein Zyklop zum Augearzt…

. Merke:
Flügelmuttern können nicht fliegen!

Demnächst auf ntv:
HITLERS UNTERHOSEN!
Die geheimen Feinripps des Führers

Und danach:
DIE MASCHEN-SS.
Die Strickmuster von Goebbels bis zu Bohrmann

Und dann wurde mein Plan zur Nichte gebracht!

Ich wollte den Plan eigentlich meinen Onkel schenken,
aber naja, was willst du machen…

Mein Computer hat mich gerade nach einem Passwort gefragt.

Ich hab geschrieben: "Penis".

Er hat gesagt: „Ihr Passwort ist zu kurz."

_____

Ich hab gerade gemerkt, dass man auf älteren Fotos jünger aussieht.

_____

Und morgen wieder wie jedes Jahr bei Germany's next Topmodel:

DAS NACKTSHOOTING!!

Alle Models flippen total aus und die Tränen rinnen, weil sie die letzten 12 Staffeln nicht angeschaut haben!

Omg, das wird ja wieder sooo spannend!

War heute beim Doktor.

Er hat gesagt, dass sich mein Husten schon besser
anhört!

Ich hab geantwortet, dass ich ja auch jeden Tag übe.

"Ich war doch gestern gar nicht so betrunken, oder?"

"Alter, du hast den Duschkopf in den Arm genommen
und gesagt, er soll aufhören zu weinen!"

Was ist Grün und fliegt durchs Universum?

Ein Salatelit

Warum fahren Elefanten kein Fahrrad?

Weil sie keinen Daumen zum Klingeln haben!

Showdown 12:00

Die Frau sitzt mir gegenüber, uns trennt nur ein Metallgestänge.

Meine Augenlider ziehen sich zusammen, so dass nur noch ein kleiner Spalt bleibt, durch den ich gerade ein bisschen durchblicken kann. Meine Mundwinkel zeigen nach unten, meine Augenbrauen sind ganz nach oben gezogen.

Ich drehe meinen Kopf nach links und deute ein Spucken an.

Dann schaue ich wieder zu der Frau.

Sie hat einen ganz normalen Gesichtsausdruck, die Situation ist sehr gespannt.

Ich nehme meine Geldkarte zwischen die Zähne und alles scheint in dieser Situation in Zeitlupe abzulaufen ... Kein Wunder, wenn die nächsten Minuten im Zeitraffer ablaufen!

Ein kurzer Hauch eines Nickens von mir und von ihr... Ich gehe in Stellung und die Frau macht sich auch bereit. Ich ziehe einen Mundwinkel verachtend nach oben. Und los geht's!

Kaffee, Kaffee, Gurke, Gurke, Nudeln, Nudeln, Zucker Birnen, Honig, Nothhaft.

Sie zieht irrsinnig schnell und ich muss schauen, dass ich nachkomme, aber nach einer kurzen Schwäche am Anfang, weil ich die Gurken falsch auf's Band hingelegt habe, bin ich wieder da.

Ich schlichte und schlichte und sie zieht die Einkaufssachen über den Scanner, als ob es kein Morgen gäbe.

Diesmal schaffe ich es, ich battle jedes Mal bei Aldi an der Kasse, aber meistens hat sie dann gegen Ende einen Cheat, der mich dann aus der Bahn smasht! Immer ist sie schon fertig mit scannen und ich räume noch die restlichen Sachen, die am Zwischentisch liegen ein, so dass es schon fast peinlich ist, dass sie warten muss.

Heute nicht!

Bananen, Tomaten, Steaks, Fleischwurst, Chips, alles läuft nach Plan... ich habe die Sachen schon zuvor nach Geometrie und Festigkeit geordnet und brauche nur noch meine restlichen Kindheitserinnerungen von Game Boy Tetris hochladen.

Bam, bam, bam, jedes noch so fiese Manöver wird abgewehrt!

Nun geht's zum Endspurt. Sie ist jetzt zum Manöver Doppelausgabe übergegangen! Ein Manöver, das ich durchschaut habe... jetzt nehme ich wie Neo in der Matrix alles nur noch kodiert wahr!

Die Sachen gleiten durch meine Finger.
Milch, Saft, Limo, Brei, alles läuft ab wie ein Uhrwerk...
Sie nimmt das letzte Stück und ich reiße es ihr nach dem
Scannen direkt aus der Hand, nehme die Karte aus
meinen Mund und stecke sofort die Karte ins Giroport.

Was soll ich sagen, die Software der Kasse ist abgestürzt
und der Scanner raucht...

Gestern Mittag gab's Chili...
Das war heute Nacht eine Fartnite.

Mailto Müller?
Was für ein komischer Vorname.

Ich kenne einen der hat mal bei einem Kettenkarussell
jemanden überholt!

Was passiert, wenn man Amerika und einen Jogurt 400 Jahre lang in der Sonne liegen lässt?

Der Jogurt entwickelt eine Kultur

Merke:
Man kann durch eine Hausgeburt kein Wohnraum schaffen.
Geht ein Geigenspieler nach Hause und kommt aber nicht zur Tür rein! Warum?
Er hat seinen Violinschlüssel verloren!

Was ist süß, klebrig und schwingt sich durch den Dschungel?

Tarzipan

Manchmal ist man weniger wie andere denken und mehr, wie man selbst aushalten kann.

Wieso ging der König zum Zahnarzt?

Weil er eine neue Krone brauchte!

Was ist rund, aber total eitel?

Ein Spiegelei

Was macht ein Pirat am Computer?

Er drückt die ENTER-Taste

Ja, also 2 mal die 16 groß!

Mein Dirty Talk des Tages.

Außerdem finde ich Gottes beste Erfindung, dass Käse
bei geringer Temperatur die Molekularstruktur
verändert.

Männer verpacken kein Geschenk!
Bei ihnen wird das Geschenk geboren!
(Schaut zwar nicht so aus, aber es ist ein Einzelstück)

Ein Mäusevater und ein Mäusesohn gehen auf der
Straße entlang.
Plötzlich fliegt eine Fledermaus vorbei!
Sagt der Mäusesohn zum Mäusevater. „Wenn ich groß
bin, werde ich auch Pilot!"

Aus was für einem Stahl sind Polenautos?

Aus Diebstahl

Ich hab den Joghurt fallen lassen!

Der war einfach nicht mehr haltbar.

Kommt ein Mann mit zwei linken Füßen ins
Schuhgeschäft und sagt:

„Guten Tag, ich hätte gerne FlipFlips."

Einer der größten Entdecker unserer Zeit!

Schon im Alter von einem Jahr entdeckte Herr Olafson
das Tageslicht.

Jetzt habe ich mich verlesen!

Pizza gemacht!
225 Minuten bei 15 grad

Mit der Katze eine angestrengte Diskussion über die
zukünftige Bundesregierung geführt.
Ich denke, sie hat mich verstanden

Ich hab gestern geträumt, dass ich bei Frauentausch
war. Und dann bin ich ausgestiegen aus dem Auto und
vor mir war ein schönes Haus. Innen drin war alles
sauber.
Da hab ich dann gewusst: „Scheisse, ich bin der Asi in
der Sendung!"

Hab mich heute beschwert, weil der Zweijährige vor mir
eine Gelbwurst bekommen hat und ich nicht!

Hab dann auch eine bekommen.

In bin aus den Töpferkurs geflogen.

Hab mich im Ton vergriffen!

Ich war letzte Woche beim Doktor in der Röhre!
Hab mich da auf die Liege gelegt und hab mich
reinfahren lassen. Aber gleich wieder rausgefahren
worden.
Steht auf dem Bildschirm:
"Bitte Flaschenboden zuerst!"

Mann geht zum Arzt

Doktor: „Sie müssen mit dem Onanieren aufhören!"
Patient: „Wieso?"
Doktor: „Weil, so kann ich Sie nicht untersuchen!"

Brettspiel für eine Person?

Bügeln!

Ein grönländischer Richter sagt zum Angeklagten:

„Wo waren Sie in der Nacht vom 18.11.- 16.3.?"

Synchronspachteln ist im Winter olympisch.

Diese Erkenntnis wurde im Haisl am 22.02.2018 bei der Kommission „Was ist das für Sportart" festgelegt.

Herr Bescherer Benjamin hat dieses urkundlich als Wintersportart tituliert!

Guter Sex muss sich so anhören wie wenn man mit
nassen Badeschlappen wegrennt!

Ich hab jetzt einen Krimi geschrieben. Der war so
spannend, den konnte ich gar nicht weiterschreiben.

Hab mir heute ein vierteiliges Puzzle gekauft!

Hab mit den Ecken angefangen.

Für die Spinne ist es normal, für die Fliege ist es Chaos.

„Papa! Wo liegt Indien?"

„Frag deine Mutter, die räumt doch immer alles weg!"

Ich ging mit einem Pferd ein Stück.
Wir waren richtige Gepferten.

Boahh! Leandro lügt voll rum, nur um Abigail ins Bett zu kriegen, die hat schon ein Kind von ihm, von dem er nichts weiß und das alles einen Tag nach der geplatzten Verlobung von Leandro.
Groschenroman 100%

Mozärtlich streichelte er Sie am Händel, dann gingen sie hintern Busch und dann wurde gebrahmst bis die Haydn wackelt!

Kapitel 8

Religionen sind für Leute, die den Alkohol nicht vertragen!

Gott und Anderes

Gott hat ein Labor, da hat er die Menschen erfunden.
Zuerst den Mann, nach seinem Ebenbild.
Daher weiß man auch, dass Gott ein Mann ist, die Frage ist bloß:

Wo ist Frau Gott oder hat er überhaupt eine? Hmm…

Ich stelle mir das so vor:
Gott ist in seinen Hobbyraum und bastelt an seinem Universum. Da einen Planeten und da die Milchstraße, da ein paar Sterne, super.

Gott klopft sich auf die Schulter, sein Werk ist vollbracht.
Er zündet sich eine Zigarre an und bläst den blauen Dunst Richtung Saturn, ein Ring bildet sich um ihn.

Ja, jetzt werden wieder einige sagen: „Das geht nicht, das ist kein Zigarrenrauch beim Saturn da oben."

Also, wenn mir einer den handfesten Gegenbeweis von da oben mitbringen kann, dann will ich das auch glauben.

Wenn das ihnen zu lau sein sollte, habe ich noch eine fantastischere Idee.

Frau Gott schreit von der Kellertreppe hinunter: „Essen ist fertig!"
Gott: „Ja, ich komm gleich!"

Er trinkt noch mal von seinem Bier, das er heimlich unterm Tisch versteckt hat, weil die Frau es nicht sehen soll, dass er seit einiger Zeit ein Alkoholproblem hat.

Anbei noch ein kleiner Schriftzug zu Gott:
Lieber Herr Gott, sollten meine Behauptungen nicht stimmen, bitte ich um Ihr Verständnis, da Sie nicht auffindbar für meine Untersuchungen waren. Sie sind womöglich sehr beschäftigt oder bereits tot. Falls Sie jetzt erbost sind, dann bitte ich um Gnade, aber die Bücher verkaufen sich besser, wenn der Name Gott vorkommt.

So, nachdem ich mit Gott wieder im Reinen bin, kann ich ja weitererzählen.

Gott stapft leicht bedüdelt die Treppe hoch.
„Mist, es gibt Salat und so ein Grünzeug."
Total sauer scheißt er seine Frau zusammen, er ist immerhin Gott…

Nach 5 Minuten stapft Gott sauer wie noch nie die Kellertreppe wieder runter und schimpft „So ne Scheiße, warum habe ich eigentlich eine Frau Gott erfunden? Ach so, da waren ja diese Gelüste."

Er entwirft auf einem blauen Planeten neues Leben. Es gibt nur eine Regel, kein Lebewesen darf reden können. Nun wird auf der Erde alles mit Tieren zugepflastert, die tollsten Tiere entstehen. Und auch Affen.

Circa 300 0000 000 Jahre später sind die Affen immer noch da, aber jetzt können sie plötzlich reden; gehen in Talkshows, fahren irrsinnig schnelle Autos, fliegen durch die Gegend, schreiben Bücher über Analgeschichten und zerstören ihre Umwelt, so gut es nur geht.

Das macht mich so sicher, dass es Gott zwar bis ins hohe Alter geschafft hat, aber leider schon abgenibbelt ist oder er lacht sich krank über uns. Bla bla bla.

Meinungen gibt`s so viel wie Arschlöcher, jeder hat eins! Also machen Sie sich selber ihre Meinung.

Als Chuck Norris erfuhr, dass ihn nichts töten konnte,
zog er los und tötete das Nichts!

Mutterschutz!

Mütter werden geschützt vor wem?

Also Instagram ist doch die kleinere Einheit von
„Instakilogramm"?

Wisst ihr was? Ich kotze euch jetzt einfach mal auf den
Gang und dann schrei ich rum, weil ich Aufmerksamkeit
brauche...

Katzen machen das ja auch immer...

Ich war mal kaufsüchtig, deswegen reagiere ich auf
dieses Thema sehr amazonibel.

Ich hab eine neue Jahreszeit erfunden!
Den Halbsommer!
Und den Dreiviertelsommer gleich dazu.

Was ist süß und läuft durch die Wüste?

Ein Karamel!

Wie sieht eigentlich der Herzkasper aus?

Gerade bei Germany's Next Topmodel!

Ein junges Model taucht ihren Kopf in einem
Schwimmbad unter Wasser und sagt, dass das wohl das
Größte war, was sie in ihrem Leben geleistet hat!

In Sachen schlafen halte ich mich immer bedeckt.

_____

Wir hatten damals eine Punkband mit den Namen „die Kopfschmerztabletten".

Aber wir haben uns dann aufgelöst.

_____

„Na, haste schon ne feste Freundin?"

„Ne, immer noch die wabbelige."

_____

„Ich warte ja immer noch auf die Ergebnisse der Volkszählung!?"

Zitat von Jesus

Der unbändige Hunger

Ich hatte Hunger Nimmersatt
und mein Bauchi war auch schon platt.

So stolzierte ich durch Küche und Vorratsschrank
und mir wurde angsterbang.

Es war nichts zum Essen da
und mir wurde schummrig gar,

weil hungernd zu Bette gehen,
die Augenlider nicht zugehen.

So bin ich hin und her stolziert,
in den Essensplan meiner Frau nicht involviert.

Und wollte eine Nachricht schreiben,
oder gar ins Wirtshaus sogar schreiten

und ganz und gar so bin ich schwach,
bin ich aus meinem Traume aufgewacht.

Das Essen stand am Tische,
dabei waren keine Fische.

Alles war am rechten Ort,
Geruch trug mich zum Tische fort.

Die Frau, die kochte gar so gut,
wie das Frau so machen tut.

Ich biss ganz erhofft ins Fleisch hinein
und kostete köstlich den kühlen Wein.

Noch ein Biss vom Kloß,
oh wie köstlich groß.

Was soll ich sagen, bin dann aufgewacht
und hab die Augen aufgemacht.

Ich lieg im Bett, das Kissen im Mund,
ein Zipfel steckt tief in meinem Schlund.

Ich spuck das Kissen aus,
welch ein Geschmack, oh Furcht, oh Graus.

Und die Moral von der Geschicht:
Hungrig ins Bett gehen tut man nicht.

Es wäre voll cool wenn Vasen einen Henkel hätten! Und
keine Blumen drin wären! Und kein Wasser drin!

Sondern Nothhaft-Bier!

Heute: Deine Mudda Tag

Als „Bob, der Baumeister" deine Mudda gesehen hat,
hat er gesagt: „Das können wir nicht schaffen."

Ich kenne einen Menschen, der hat tatsächlich beim
Joghurt mit der Ecke die große Ecke in die kleine
geschüttet.

Ich merk die Wechseljahre gerade ganz stark.

Bin von Hellem auf Weizen umgewechselt.

Ich hab vorhin mei erstes Schäufele gegessen.

Des war so groß, des müsste eigentlich in der
Speisekarte unter Schaufel stehen.

––––––––––––

Mein Hund jagte immer die Leute auf dem Fahrrad..

Bis ich ihn das Fahrrad weggenommen hab...

––––––––––––

Übrigens:
Zu traurigen Mönchen sagt man im Allgemeinen auch
„Depriziner".

Hingegen die Deprizinermönche nicht mit den
Wienerikanern konkurrieren.
Hier gilt der Leitspruch:
Gottes Wurst ist für jeden gleich.

Edelsechsämter

Heute eine Legende gesoffen,
sie schmeckte so gut, das macht mich betroffen.

Denn wird dein Gaumen gekitzelt ganz fein,
dann muss das Edelsechsämter sein!

Sechsämter schmeckt so gut,
dass es den Hardcore besoffen machen tut.

Ihr Alkoholdatenvolumen wurde verbraucht. Bis Ende
des Monats trinken sie mit reduzierter Geschwindigkeit.
Mit freundlichen Grüßen,
Ihre Leber

Wenn du jemanden begegnest, der kein Lächeln im
Gesicht hat, schenke ihm deins!

Immer dran denken!
Juckt der Beitel,
Trink a Seidl!
Und Reitl
Is ein Ort zwischen Orsch und Beitl.

Und Gott sprach zu den Steinen, wollt ihr Hardcore
Hellfire Fuckers werden?
Doch die Steine erwiderten bloß:
„Nein! Wir sind nicht hart genug!"

Wie würde die Jesusgeschichte heute aussehen?

Jesus: Ich hab Probleme mit meinem Kreuz!
Passant: Da gibt's doch was vom Ratiopharm!

(Und Ratiopharm ist ein Römer mit Hammer und Nagel)

Schaf zum Rasenmäher: Mäh!
Rasenmäher: Du hast mir gar nichts zu befehlen!

Egal wie jung du bist, Jesus Freunde waren jünger!

„Seit fast dreißig Jahren renn ich dieser Frau hinterher
und immer wenn ich kurz vorm Schuss bin, nimmt so ein
Arschloch mir sie immer weg!"
Super Mario

You going me on the alarm clock.

Du gehst mir auf den Wecker.

Voll krass!
Bei den Filmstudios „TOBIS"
kommt halt dann so en Huhn über die Buchstaben
gelaufen und kackt einfach mal ein riesengroßes i
zwischen die Buchstaben!

Was will uns der Unternehmer damit sagen?

Steht ne Stripperin vor ihrem Kleiderschrank und sagt:
„Ach, ich hab gar nichts zum Ausziehen!"

Hab gerade einen Telekommitarbeiter von der Hotline,
der angerufen hat, weiß gemacht, dass er sich verwählt
hat und hier die Pizzeria de Hardcore ist.

„Ich fühle mich nicht zu dem Glauben verpflichtet, dass
derselbe Gott, der uns mit Sinnen, Vernunft und
Verstand ausgestattet hat, von uns verlangt, dieselben
nicht zu benutzen."

Galileo Galilei

Wenn es morgen wieder so heiß wird, geh ich zur Polizei
und lasse mich beschatten.

Wenn ich das nächste Mal mit meinen kleinen Zeh irgendwo gegen ein Stuhlbein renne, dann schneid ich ihn ab!

_____

„Ich schau mal vorbei!"

Günther, 21, schielt.

_____

Ihr Update war erfolgreich!

Ihr Gehirn wurde auf Werkseinstellungen zurückgesetzt.

_____

Neueste Nachrichten:

Endlich mal abschalten!
Pfleger genießt Ruhe auf der Intensivstation.

Anweisung!
Im Klärwerk muss Aufklärung herrschen, Aufklärung
abgeklärt werden, sonst bleiben einige Sachen
ungeklärt.
Dieses Schriftstück dient zu Aufklärung!

———————————

Peinliche Verwechslung mit Folgen:

Pfarrer segnet aus Versehen das Zeitliche!

———————————

Die ersten 5 Tage nach dem Wochenende sind die
härtetesten!

———————————

Und dann kam Blade in die Sesamstraße und hat den
Vampir Graf Zahl einfach 1 2 3 erschlagen!

Für alle, die nach den Ferien in die Schule gehen und das erste Mal wieder in die Schultasche schauen:

Das flauschige ist euer Pausenbrot!

––––––––––––––––––

War mit Herbert schwimmen...
Sagt er: „Halt mal meine Uhr!"
Sag ich: „Ist doch bis 40 Meter wasserdicht!"
Sagt er: „ Ja das schon, aber ich will ja weiter rein!"

––––––––––––––––––

Vielleicht ist der eigentliche Sinn des Lebens, nach diesem Sinn zu suchen!

––––––––––––––––––

Ein Junge sagt zu seiner Mutter:
„Mama, ich will Tampons zu Weihnachten haben!"
Verstört fragt die Mutter: „Ja warum denn Tampons?"
Der Junge erwidert: „ Die haben gesagt, ich könnte mit denen alles machen, Fahrrad fahren, schwimmen, reiten..."

Sagt der eine Teller zum anderen: „Das Essen geht auf mich!"

Warum haben Hubschrauber Propeller?

Damit der Pilot nicht schwitzt!

Also ich kenne ja jemanden, der hat sich selbständig gemacht mit "Meditation, innere Ruhe finden".
Sie konnte das dann nicht mehr machen wegen Burnout!

Hab ein ganz trauriges Buch gelesen!

Mein Sparbuch.

Phantastische Bierwesen
Des Schankwirts Verbrechen!!
Von M.h. Hack
Bald in Ihrem Wirtshause

„Alles nur Opfer bei mir auf der Arbeit! „

Thorsten, 32, Unfallchirurg

Einfach mal den Timer vom Handy auf 10 Minuten
stellen und wenn es klingelt mit stolzer Brust rangehen
und sagen: „Mr President…"

Fühlt man sich gleich besser.

Liebe ist nur ein Trick unseres Gehirns, um die
Fortpflanzung zu sichern!

Nach meinem Kopf zu urteilen war die Party gestern
ziemlich hart!

Warum kann der Pilot nichts mehr sehen?

Seine Brille ist runtergeflogen.

Ich habe heute so viel Restalkohol, dass ich in diesem
Jahr nicht mehr Autofahren darf! 30.12.2016

Niemand denkt an Zelte, wenn man Käpt'n Iglu sagt!

Ich fühle mich wie eine kaputte Glühbirne,
einfach fassungslos!!

_____

Was sagt man zu einem toleranten Veganer?

Er ist Putenversteher

_____

Steigerungsformen von gut beim Trinken von Bier auf
Fichtelgebirglerisch:

1.Steigerungsform: Goud
2.Steigerungsform: Àhhhhh Goud
3.Steigerungsform: Àhhh Pfeng Goud

_____

Was schenken Schmiede zum Muttertag?

Einen Glutschein

Leben heißt zeichnen ohne Radiergummi.

———————————

Also die Hosen krempelt man ja um!
Wie heißt das dann bei Socken?

———————————

Wenn man Erdbeeren am Herd zubereitet, sind es im
Übrigen Herdbeeren!

———————————

Gretel:
Mord ist ihr Hobby

———————————

In was für einer Sprache unterhält man sich in der
Sauna?
Schwitzerdütsch!

Du hast ne Uhr fallen lassen aber kannst sie nicht
aufheben... Warum?

Du hast kein Uhrheberrecht!

Was bestellt ein Maulwurf im Restaurant?
Ein 3-Gänge-Menü!

Und der letzte...
Egal wie gut du fährst,
Züge fahren Güter.

In Sachen Corona

Für die, die es noch nicht gecheckt haben!
Die Natur wollte uns nach unseren Taten umbringen!

Und sie wird es schaffen, heute nicht, morgen nicht,
aber nächstes Jahr oder in einem Jahrzehnt...

Wir sollten uns und unser Verhalten ändern.

Das Einzige, was wir jetzt noch machen könnten, ist ganz
leise und vorsichtig weiterleben und der Natur
suggerieren, dass sie Erfolg gehabt hat. Wenn wir so
weiter mit der Welt machen wird uns Covid 26 oder
Covid 28 ausrotten. Und alles wird so sein, als wäre der
Mensch nie dagewesen.

Das Schlimmste aber ist, dass der Großteil der
Menschheit denkt, dass wir die Natur kaputt machen
und die Natur sich nicht wehren kann. Wir sind ein Teil
dieser Erde und Teil dieser Natur undsie kann uns mit
Katastrophen von der Welt ganz schnell entfernen.

Jetzt in diesen Tagen muss allen klar werden, dass die
Natur die größte Mörderin der Geschichte ist.

Sie tötet den Tag für die Nacht, den Frühling für den
Sommer und den Sommer für den Winter, und das nur -
ich wiederhole - NUR für das Gleichgewicht.

Jeder, der Mutter Erde's Gleichgewicht stört wird komplett ausgerottet, so dass nichts mehr als Knochen übrig bleiben.

Wir sind die Dinosaurier, die das Gleichgewicht zum Kippen bringen.

Die Natur wird kein bisschen zögern, um uns auszulöschen. Das, was wir gerade erleben oder erlebt haben ist nur eine Warnung für uns.

Denn auch wenn wir denken, wir sind ja so gescheit, hat die Erde immer noch die Oberhand und wir leben nur auf diesem Planeten.

Wir können es auch noch philosophischer gestalten.

Wenn wir uns die Erde und ihre Nachbarplaneten anschauen, sehen wird auf der einen Seite die Venus, die sehr hell leuchtet.

Bei Venus ist die Atmosphäre voll mit CO_2... Das, was wir immerzu ausstoßen und unserer Erde zu schaffen macht.

Auf der anderen Seite ist Mars.

Mars hat sogar noch eine Atmosphäre, jedoch sind die Temperaturunterschiede und die Stürme auf Mars so gravierend, dass da nichts wächst und nichts wachsen kann.

Beides wären die Ergebnisse, wenn der Mensch über die Natur siegt!

Zwischen den zwei extremen Planeten stehen wir.

Entweder wir verpesten die Welt mit Abgasen oder wir beuten die Erde so aus, dass nichts mehr wachsen kann.

Gibt es da auch ein Happy End?

Ich kann nur sagen, die Zukunft wird in der Gegenwart entschieden und nicht in der nächsten Generation oder in der übernächsten!

Die Erde kann ohne uns gut, aber wir nicht ohne die Erde!

Trump sagt: „Klimaerwärmung, so ein Scheiß…"

Ich sage: „Natur, mach dein Ding und erhole dich von uns."

Verzeichnis der Texte und Gedichte:

Über den Autor:

Holger Fichtelhills (Matthias König) tritt bei verschiedenen Veranstaltungen auf.
Mittlerweile hat der Autor schon 3 Bücher zu Tage gebracht und macht auch ein bisschen Wissenschaft sowie Forschung.
Hobbymäßig ist er als Sandmännchen sehr aktiv (siehe Bild).
Ansonsten lebt der Autor ganz zufrieden im schönen Fichtelgebirge.

Matthias Königs Werke:

Des Faustes Schüler (Matthias König) Literareon

Slamdead Millionär (Holger Fichtelhills) BoD

Die Thrillerpfeife (Holger Fichtelhills) BoD